Los países de donde venimos

WITHDRAWN

República Dominicana

por Rachel Anne Cantor

Consultora: Karla Ruiz
Colegio de Maestros, Universidad de Columbia
Nueva York, Nueva York

BEARPORT
PUBLISHING

New York, New York

Créditos

Cover, © glenda/Shutterstock and © Peter Elvidge/Shutterstock; TOC, © Maciej Czekajewski/Shutterstock; 4, © Maciej Czekajewski/Shutterstock; 5T, © Daniel-Alvarez/Shutterstock; 5B, © Holger Mette/iStock; 7, © photopixel/Shutterstock; 8–9, © Tom Bean/Corbis; 9R, © diegobib/iStock; 10–11, © tandemich/Shutterstock; 10L, © Andrew Bassett; 11R, © Eladio Fernandez/NHPA/Photoshot/Newscom; 12T, © Universal Images Group/DeAgostini/Alamy Stock Photo; 12B, © Everett Historical/Shutterstock; 13, © trappy76/Shutterstock; 14–15, © Frances M. Roberts/Newscom; 16, © Dikoz2009/Dreamstime; 17, © Massimo Dallaglio/Alamy Stock Photo; 18L, © sursad/Shutterstock; 18R, © Andris Tkacenko/Shutterstock; 19, © Robert Harding World Imagery/Alamy Stock Photo; 20–21, © photobeginner/ depositphotos; 22T, © bonchan/Shutterstock; 22B, © rmnoa357/Shutterstock; 23, © Clara Gonzalez/Shutterstock; 24, © Steve Collender/Shutterstock; 25, © epa european pressphoto agency b.v./Alamy Stock Photo; 26, © PKM1/ iStock; 27T, © PaulaConnelly/iStock; 27B, © Tarzhanova/Shutterstock; 28–29, © Danita Delimont/Alamy Stock Photo; 29B, © Timmary/Shutterstock; 30L, © dchulov/depositphotos; 30R, © Asaf Eliason/Shutterstock and © mumbojumbo/ Shutterstock; 31 (T to B), © photobeginner/depositphotos, © Everett Historical/Shutterstock, © yanikap/ Shutterstock, © Robert Harding World Imagery/Alamy Stock Photo, and © Maciej Czekajewski/Shutterstock.

Director editorial: Kenn Goin
Editora: Jessica Rudolph
Traductora: Eida Del Risco
Editora de español: María A. Cabrera Arús
Director creativo: Spencer Brinker
Diseño: Debrah Kaiser
Investigadora de fotografía: Olympia Shannon

Datos de catalogación de la Biblioteca del Congreso

Names: Cantor, Rachel Anne, author.
Title: República Dominicana / por Rachel Anne Cantor ; traductora, Eida Del
   Risco.
Other titles: Dominican Republic. Spanish
Description: New York, NY : Bearport Publishing Company, Inc., 2019. |
   Series: Los países de donde venimos | Includes bibliographical references
   and index. | Audience: Ages 4–8. | Description based on print version
   record and CIP data provided by publisher; resource not viewed.
Identifiers: LCCN 2018044332 (print) | LCCN 2018044889 (ebook) | ISBN
   9781642802979 (ebook) | ISBN 9781642802283 (library)
Subjects: LCSH: Dominican Republic—Juvenile literature.
Classification: LCC F1934.2 (ebook) | LCC F1934.2 .C3718 2016 (print) | DDC
   972.93—dc23
LC record available at https://lccn.loc.gov/2018044332

Para más información, escriba a Bearport Publishing Company, Inc., 45 West 21st Street, Suite 3B, New York, New York 10010. Impreso en los Estados Unidos de América.

10 9 8 7 6 5 4 3 2 1

Contenido

Esta es la República Dominicana

Amistosa

Concurrida

La República Dominicana es un país **tropical**.

Está ubicada en la isla de La Española, en el mar Caribe.

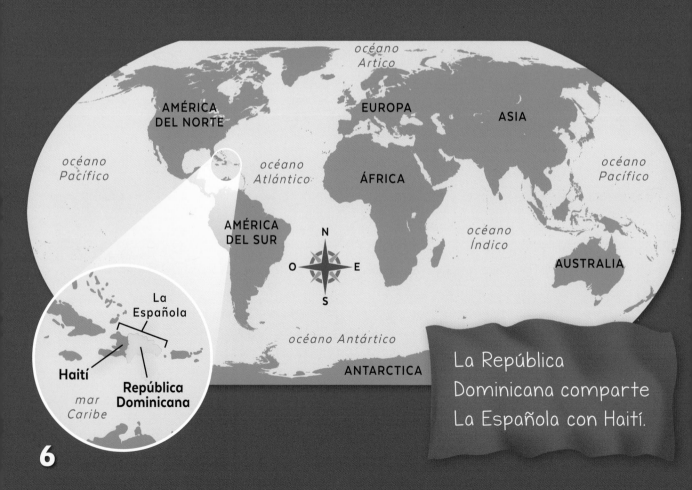

La República Dominicana comparte La Española con Haití.

mar Caribe

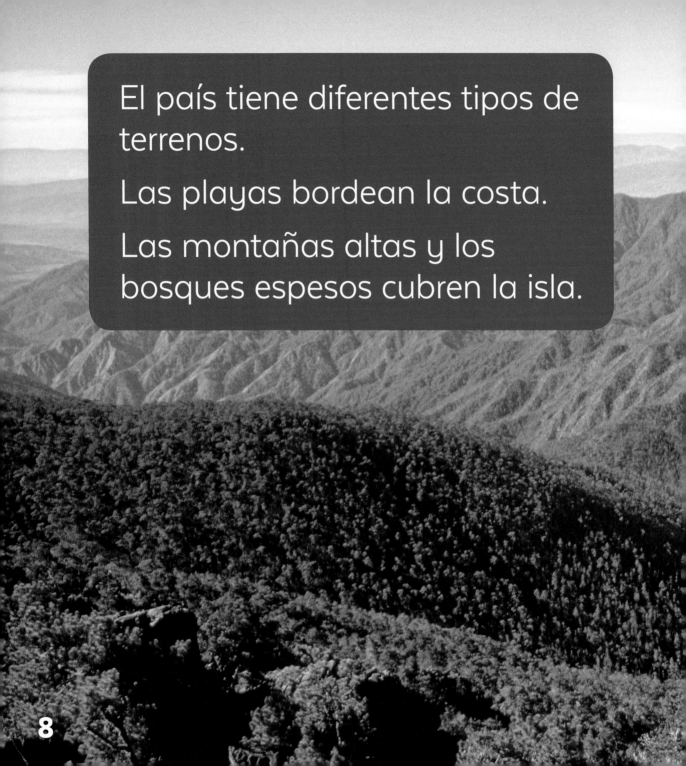

El país tiene diferentes tipos de terrenos.

Las playas bordean la costa.

Las montañas altas y los bosques espesos cubren la isla.

La República Dominicana tiene muchas cascadas hermosas.

9

Los bosques del país están llenos de animales asombrosos.

Unos lagartos enormes se esconden bajo las plantas.

En los árboles viven cotorras de colores.

cotorra

El almiquí vive en el bosque. ¡Este animal peludo tiene una mordida venenosa!

Los taínos fueron los primeros habitantes de La Española.

Dibujo hecho por un taíno en una cueva

En 1492, llegó Cristóbal Colón.

Cristóbal Colón

Colón estableció una **colonia** española.

Los españoles trajeron a la isla esclavos de África.

Los españoles construyeron muchas iglesias. Algunas aún se usan.

España perdió el control de la colonia en 1821.

Entonces, Haití gobernó la isla.

En 1844, los dominicanos se independizaron de Haití.

Los dominicanos celebran su libertad con desfiles.

La mayoría de los dominicanos habla español.

Muchos dominicanos también saben algunas palabras en idiomas africanos y en taíno.

Algunos dominicanos trabajan en el campo.

Cultivan plantas como el cacao.

El cacao se usa para hacer chocolate.

planta de cacao

chocolate

Otros trabajan en el **turismo**. Atienden a los turistas en tiendas y restaurantes.

Santo Domingo es la **capital** del país.

Es también la ciudad más grande del país.

¡En Santo Domingo viven cerca de tres millones de personas!

Los dominicanos comen muchas comidas sabrosas.

Algunas se preparan con plátano verde.

Esta fruta es similar a las bananas.

plátanos verdes

Los plátanos verdes se pueden salar, freír y comer como "platanitos".

El mangú se prepara con plátano verde majado.

23

Los dominicanos celebran muchas festividades.

La familia y los amigos se reúnen en Navidad.

Para esos días, suelen crear adornos con luces.

¡Los dominicanos celebran la Navidad durante tres meses!

Unas personas observan las decoraciones navideñas en un parque.

En la República Dominicana se encuentra una sustancia muy rara llamada ámbar.

Se forma con la **resina** de los árboles, endurecida al cabo de millones de años.

resina de árbol

hormigas

¡En el ámbar a veces quedan atrapados los insectos!

El ámbar se usa para hacer joyas.

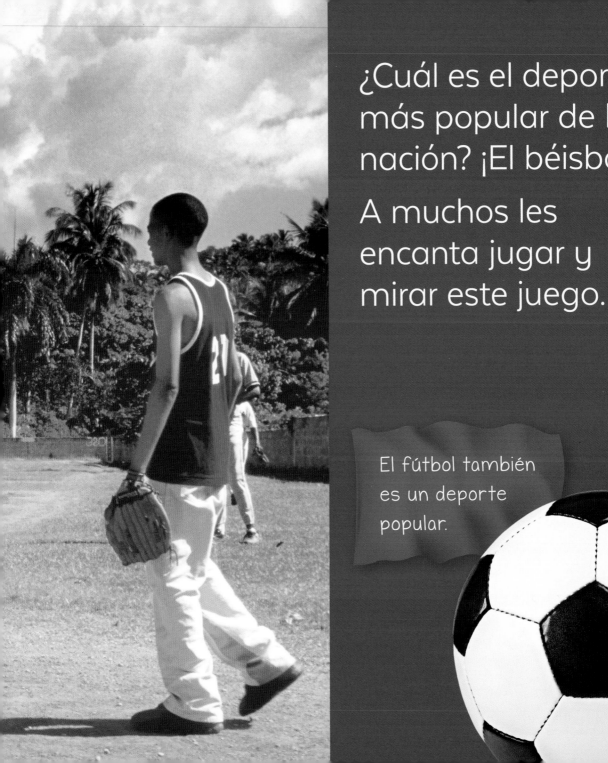

¿Cuál es el deporte más popular de la nación? ¡El béisbol!

A muchos les encanta jugar y mirar este juego.

El fútbol también es un deporte popular.

29

Datos básicos

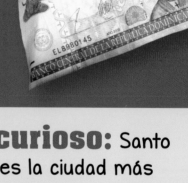

Ciudad capital: Santo Domingo

Población de la República Dominicana: más de diez millones de habitantes

Idioma principal: español

Moneda: peso dominicano

Religión predominante: católica romana

País vecino: Haití

Dato curioso: Santo Domingo es la ciudad más grande del Caribe.

capital una ciudad donde está ubicado el gobierno de un país

colonia un área donde se han asentado personas de otro país y se halla bajo el gobierno de ese país

resina un líquido espeso y pegajoso que sueltan algunos árboles y que, con el tiempo, se puede endurecer

turismo la práctica de viajar y visitar lugares como diversión

tropical relacionado con las áreas cálidas de la Tierra, cerca del ecuador

Índice

Lee más

Rogers, Lura, y Barbara Radcliffe Rogers. *Dominican Republic (Enchantment of the World).* New York: Scholastic (2009).

Simmons, Walter. *The Dominican Republic (Blastoff! Readers: Exploring Countries).* Minneapolis, MN: Bellwether Media (2012).

Aprende más en línea

Para aprender más sobre la República Dominicana, visita
www.bearportpublishing.com/CountriesWeComeFrom

Acerca de la autora

Rachel Anne Cantor es una escritora que vive en Nueva Jersey. Espera visitar pronto la República Dominicana.